DIE REIHE
Archivbilder

BRAUCHTUM IM TRIESTINGTAL

DIE REIHE

Archivbilder

BRAUCHTUM IM TRIESTINGTAL

31.DEZ.2007

[redacted] SILVESTERLAUF 44.

Roland Peter Herold

SUTTON VERLAG

Sutton Verlag GmbH
Hochheimer Straße 59
99094 Erfurt
http://www.suttonverlag.de

ISBN: 978-3-86680-159-2

Druck: Oaklands Book Services Ltd., Chalford | GL, England

Inhaltsverzeichnis

[redacted]

Danksagung

Gesamtleitung	Roland Peter Herold
Bilddigitalisierung	Manfred Stadlmann
Mitarbeit	Helene Schiessl
Beiträge von	Günther Bichler (Pottenstein) Josef Gober (Weissenbach) Roland Peter Herold (Kaumberg) Lorenz Lechner (Furth) Reinhard Muschik (Berndorf) Adolf Plank (Schönau) Franz Schlager (Leobersdorf) Adolf Schiessl (Pottenstein) Leopold Schneidhofer (Hernstein) Manfred Stadlmann (Altenmarkt) Erich Strobl (Hirtenberg und Lindabrunn)

Einleitung

Das Triestingtal ist die südliche Grenze zum Wienerwald. Von Osten kommend, ändert sich die Landschaft. Die Gegend wird rauer, je weiter man in das Tal hineinkommt. Auch die Vegetation verändert sich – Fichten lösen Schwarzföhren ab. Es ist ein reizvolles Tal. Die Landschaft ändert sich von einem breiten Trichter des Steinfeldes flussaufwärts, wobei die Berge zur linken Hand – also am rechten Ufer der Triesting – allmählich höher werden. Von der Aussichtswarte auf dem Guglzipf bei Berndorf, einem beliebten Ausflugsziel, sieht man weithin in die Landschaft, wo sich Hocheck mit 1.037 Metern und Kieneck mit seinen 1.106 Metern erheben. Der Gerichtsberg ist die Wasserscheide zwischen der nach Westen fließenden Gölsen und der nach Osten fließenden Triesting. Unweit des Gerichtsberges erhebt sich die Ruine der einst stolzen Araburg, die im 12. Jahrhundert erbaut wurde.

Während das obere Triestingtal einst als Sommerfrische gern besucht wurde und es hier größtenteils landwirtschaftliche Betriebe gibt, ist im unteren Teil des Tales die Industrie vertreten. Regional gesehen ist das Triestingtal ein Teil des Industrieviertels, welches im 19. Jahrhundert einen gewaltigen ökonomischen Aufschwung genommen hat. Große Fabriken und Industriebetriebe entstanden und entwickelten sich weiter – bis in die 70er-Jahre des 20. Jahrhunderts, wo Fabriken mit großen Schwierigkeiten zu kämpfen hatten. Sozialpläne konnten einiges verhindern und die Menschen mussten sich umorientieren.

Einerseits in den landwirtschaftlichen Gemeinden, aber auch in den Industrieorten entwickelte sich ein Brauchtum, das weitgehendst gepflegt wurde. Vor allem waren es die kirchlichen Bräuche, die man in allen Gemeinden und Orten fand. Kirtage, Umgänge, Prozessionen, Neujahrs- und Weihnachtsbräuche sowie verschiedene Riten werden größtenteils noch heute abgehalten, vielerorts gibt es noch Gelöbniswallfahrten.

Vor allem in den Industrieregionen entstanden Bildungsvereine, aus denen wiederum Zweigorganisationen hervorgingen. Es entstanden Sänger- und Musikgruppen sowie die fast zu jedem Ort gehörenden Musikkapellen. Naturverbundene gründeten Vereine, wie die Naturfreunde oder den Touristenklub und selbstverständlich gibt es auch überall Sportvereine mit den verschiedensten Disziplinen. Einen besonderen Zweig des Brauchtums übt die Freiwillige Feuerwehr aus: Sie betätigt sich aber nicht nur als „Retter in der Not“, sondern ist auch bei gesellschaftlichen Veranstaltungen allgegenwärtig und hat durch ihr kameradschaftliches Verhalten einen besonderen Stellenwert in der Gesellschaft.

In diesem historischen Bildband wird das Brauchtum des Triestingtales mit seinen Gemeinden in alten, teils einzigartigen Bildern aus vergangener Zeit präsentiert, um Bräuche, gesellige Veranstaltungen und interessante Begebenheiten nicht in Vergessenheit geraten zu lassen.

Roland Peter Herold
im Sommer 2007

Bildnachweis

Archiv der Gemeinde Hernstein: Seite 80, 81, 82 o., 83 bis 89 und 90 o.
Archiv des Heimatmuseums Kaumberg: Seite 12, 13 u., 14 o., 15 o., 16 u., 17 o., 18, 19 u.
Archiv des Triestingtaler Heimat- und Regionalmuseum: Seite 32, 34, 35, 36 u., 40 u., 41, 42, 43 o.
Archiv der Volkstanzgruppe Leobersdorf, Franz Schlager: Seite 106 u., 108 bis 118
Bartak Alfred: Seite 65 u.
Bichler Günther: Seite 58, 59 o. u. l., 60 bis 63
Bauernbund Kaumberg: Seite 10, 11, 16 o., 17 u., 19 o.
Deimbacher Johann: Seite 13 o., 14 u., 15 u.
Fam. Böhm: Seite 20 u.
Fam. Dachsbeck: Seite 27 u.
Fam. Jandl: Seite 20 o.
Fam. Kuchar: Seite 27 o.
Fam Kühmayer: Seite 25, 26 o.
Fam. Zuber: Seite 29 u.
Lechner Lorenz: Seite 44, 46 bis 54
Miedl Josef: Seite 26 o.
Muschik Reinhard: Seite 68 bis 78
Müller Josef: Seite 37 u., 39u., 43 u.
Franz Plank: Seite 120 bis 127
Schiessl Adolf: Seite 64, 65 o., 59 u. r., 66 und 82 u.
Stadlmann Manfred: Seite 22, 23, 24, 26 u., 28, 29 o., 30, 31
Strobl Erich: Seite 90 u., 92 bis Seite 99, 100 o.
Trumler Bernhard: Seite 37, 38 o., 40 u., 41, 42, 43 o.
Winkler Gerhard: Seite 100 bis 105, 106 o.

Wir danken herzlich allen, die am Zustandekommen dieses Buches mitgewirkt haben. Ein besonderer Dank gilt Frau Elisabeth Hainfellner für die Organisation der Zusammenkünfte und Vorbesprechungen zu diesem Bildband. Für die organisatorische Unterstützung danken wir der Kleinregion Triestingtal und dem Regionalen Bildungs- und Heimatwerk Triestingtal.

1

Kaumberg

Die Marktgemeinde Kaumberg liegt im oberen Triestingtal, am Fuße der höchsten Burgruine im südlichen Niederösterreich, der Araburg. Wo einst Ritter ihre Turniere – ein Brauchtum des Mittelalters – abhielten, zeugen heute nur noch Reste dieser stattlichen Burg von jener Zeit. Burgspiele, die alle zwei Jahre im Burghof aufgeführt werden, beleben heute die alten Steine. Zu Kaumberg gehören Kaumberg-Markt, Ober- und Untertriesting, Laabachtal, Höfnergraben und das Steinbachtal. Landwirtschaft und kleinere Betriebe prägen das Gemeindebild. Um 1900 war Kaumberg ein viel besuchter Höhenluftkurort. Im Heimatmuseum werden Geschichte und Tradition unter dem Motto „Museum ist Geschichte zum Anschauen" lebendig und geben einen Eindruck des Lebens in früherer Zeit. Viele Vereine – Jugend- und Trachtenkapelle, Kirchenchor, Seniorenbund, Kaumberger Burgschauspieler, Jagdhornbläser, Fremdenverkehrs- und Dorferneuerungsverein, Landjugend, Sportunion und Stockschützen, um nur einige zu nennen – beleben mit ihren Veranstaltungen den Jahresablauf.

Das Wappen von Kaumberg zeigt auf einem Gold und Blau geteilten Schild im oberen Feld einen schwarzen Adlerkopf mit roter Zunge, im unterem Feld drei goldene Lilien. Der Adlerkopf symbolisiert die Araburg, die Lilien das Stift Lilienfeld. Das Wappen wurde der Marktgemeinde am 29. Juli 1973 verliehen.

Der Bandltanz des Schuhplattler- und Trachtenvereins Schneerose erfreute bei den verschiedensten Veranstaltungen das Publikum. Die Aufnahme entstand im Jahre 1947.

Ein Festzug bewegte sich anlässlich des Erntedankfestes des Jahres 1948 durch den Ort.

Jäger der Jagdgesellschaft Kaumberg liegen um 1948 auf der Lauer.

Das Jagdglück des Jägers Josef Blieberger wurde im Jahre 1940 fotografisch festgehalten. Dieses Bild war auch in der Lokalzeitung abgedruckt.

Anlässlich der Primiz von Pater Sighart Schachner im Jahre 1961 gab es einen prachtvollen Einzug in die Kirche, an dem viele Abordnungen teilnahmen.

Die Motorradstaffel der Katholischen Jugend holte Pater Sighart Schachner von seinem Wohnhaus ab.

Die „Primizbraut“ auf dem Weg zur Kelchübergabe.

Kaumberg konnte sich lange Zeit an dem Prädikat Höhenluftkurort erfreuen. Hier sieht man Urlauber und Einheimische vor dem Hotel „Goldenes Kreuz“, um 1920.

Die Kegelbahn beim „Gasthaus Renzenhof" wurde viel besucht. Die Aufnahme entstand im Jahre 1930.

Die Aufführungen der Kaumberger Theatergruppe in Gasthaussälen, wie hier um 1920, waren sehr beliebt. Heute gibt es die „Kaumberger Burgschauspieler", die alle zwei Jahre auf der Araburg auftreten.

Pfarrausflüge wurden immer wieder durchgeführt, wie 1963 auf den Dürrenstein.

Ein Spaziergang zu Ostern in die Kaumberger Natur, wie auf dieser Aufnahme aus dem Jahre 1913 im Laabachtal, gehörte zur Tradition.

Stolz präsentierte sich die Dame des Hauses um 1920 mit dem Dienstpersonal.

Wintersport in Kaumberg erfreute Jung und Alt. Wie die Fotografie aus dem Jahre 1925 zeigt, wurde die Rodelbahn von vielen begeistert benützt.

Der Abfahrtslauf des Jahres 1955 hatte sein Ziel im Laabachtal. Noch heute wird bei guter Schneelage der traditionelle Fackellauf durchgeführt.

Ein Spinnrad gehörte zu jedem Bauernhof. Auf dieser Fotografie ist die „Hasler-Oma“ bei ihrer Tätigkeit festgehalten.

Die neuen Kirchenglocken sind angekommen. Das Aufziehen der Glocken musste verschoben werden, da es drei Tage lang regnete.

Das Gründungsfest der Jugend- und Trachtenkapelle Kaumberg im Jahre 1967.

Die glückliche Familie Obermaier (Julabauer) bei der Taufe ihres siebenten Kindes im Jahre 1963.

Einer alten Holzfäller-Tradition entsprechend, führte Michael Kaswurm zum Marktjubiläum im Jahre 1980 das Sterzkochen wieder durch.

Der Jäger Josef Scholze aus Altenmarkt präsentierte um 1920 stolz seinen erlegten Hirsch.

Der Arbeiter-Radfahrerverein Altenmarkt, Thenneberg und Umgebung, kurz A.R.V., vor dem „Gasthaus Schwarzer Adler" in Altenmarkt, 1929.

2

Altenmarkt

Die Großgemeinde Altenmarkt entstand in der heutigen Form im Jahre 1972 durch die Zusammenlegung der Gemeinden Altenmarkt, Thenneberg, Hafnerberg-Nöstach, Kleinmariazell und St. Corona am Schöpfel. Altenmarkt war schon in früheren Zeiten der wirtschaftliche Mittelpunkt des oberen Triestingtales. Landwirtschaft, Handwerk und Kaufleute prägten die Kultur und das Brauchtum der Region. Neben den üblichen kirchlichen Festen wurden und werden Taufen, Erstkommunion und Hochzeiten besonders gefeiert. Auch die Jagd und das Vereinswesen wurden gepflegt. Besonderen Stellenwert hatte das obere Triestingtal als Sommerfrische.

Das Wappen ist durch einen roten Zinnenbalken zweigeteilt. Im oberen silbernen Feld sind fünf aus der Mitte wachsende grüne Eichenblätter, die für die fünf Gemeinden stehen. Das untere rote Feld ist durch drei silberne Schrägrechtsbalken durchbrochen. Das Wappen wurde der Gemeinde am 5. Juli 2007 verliehen.

Die Sportlergruppe des Sportvereins Altenmarkt präsentierte sich im Jahre 1926 am Sportplatz dem Fotografen.

Sie sind tauglich! Diese Aufnahme entstand nach der Musterung am 5. Mai 1914 am Hafnerberg. Rechts sitzt Martin Grandl vom Einbacherhof.

Erstkommunionkinder nahmen im Jahre 1933 vor der Altenmarkter Kirche Aufstellung.

Im Hintergrund der Wallfahrergruppe mit Pfarrer Johann Dollansky und Dechant Peter Lorenz ist die Wallfahrtskirche Hafnerberg zu sehen.

Die Fotografie wurde als Andenken an die Erstkommunion in Klein Mariazell im Jahre 1934 aufgenommen.

Beim Hochzeitsbrauch „Viaziagn“ (Vorziehen) in Klein Mariazell mit Hochzeitmann Florian Lintinger schauten viele interessiert zu.

Damals war man im Winter nur auf Skiern unterwegs. Skier und Bindung waren in dieser Zeit freilich einfacher als heute. Das Foto aus dem Jahre 1930 wurde in Klein Mariazell aufgenommen.

Ratschenbuben in Klein Mariazell um 1957. Die Tradition existiert bis heute, nur die Kleidung und die Ratschen veränderten sich.

Chorleiterin Maria Felzmann mit ihrem Kirchenchor in Klein Mariazell nach einer Chorprobe im Jahre 1937.

In St. Corona-Neuwald gab es einen Schuhplattler-Verein, der bei verschiedenen Veranstaltungen sein Können unter Beweis stellte.

Musterungsfeier in Thenneberg im Ersten Weltkrieg beim „Gasthaus Rattenschlager". Der Kutscher dieser „lustigen Fracht" ist Johann Rattenschlager.

Erstkommunion in Thenneberg mit Pfarrer Robert Werner und Lehrer Franz Nittmann.

Dreifache Goldene Hochzeit konnten die Ehepaare Schoisengeier, Schönleitner und Bettel am 9. August 1959 am Hauptplatz in Thenneberg feiern.

Erstkommunionkinder vor der Volksschule Thenneberg im Jahre 1957 mit Pfarrer Johann Petuelli.

Das Privatfoto der Familie Zuber wurde zum Andenken an die Bauernhochzeit aufgenommen.

Der alte Veteranenverein hat beim Kriegerdenkmal in Thenneberg Aufstellung genommen.

Eine gesellige Gasthausrunde in Thenneberg ließ sich hier ablichten.

Erstkommunionkinder haben mit Pfarrer Robert Werner in und vor dem Auto des Taxiunternehmers Klail Aufstellung genommen.

Zu Weihnachten wurde in der Volksschule traditionell ein Theaterstück aufgeführt. Diese Aufnahme mit Lehrer Franz Nittmann entstand 1924.

Einladungskarte zum Gartenfest des Verschönerungsvereines Weissenbach. Heinrich Lefler, einer der erfolgreichsten Grafiker seiner Zeit, gestaltete diese Einladung im Jahre 1902.

Seit dem Gründungsjahr 1882 veranstaltete der Verschönerungsverein rauschende Feste – auf dem Foto ist jenes des Jahres 1902 abgebildet.

3

Weissenbach a.d. Triesting

Weissenbach entstand abseits der Durchzugsstraße durch das Triestingtal als Angerdorf entlang des Verkehrsweges nach Furth. Durch die um 1840 einsetzende Industrialisierung und den ständigen Zustrom ortsfremder Menschen wurde im Ort die Tradition einer Dorfgemeinschaft, wie sie für eine bäuerlich geprägte Dorfgemeinschaft üblich war, bald außer Acht gelassen. Damit ging auch eigenständiges, althergebrachtes Brauchtum verloren. Mit dem Bau der Eisenbahn wurden Weissenbach und Neuhaus bekannte Sommerfrischen. Um die Wende vom 19. zum 20. Jahrhundert war der Ort ein kultureller Mittelpunkt, der Künstler und Schauspieler anzog. Um diese Zeit entstanden mehrere Vereine, deren geistiges und kulturelles Schaffen durch die Nähe zur Stadt Wien geprägt war. Im Jahre 1971 wurde Weissenbach mit den Gemeinden Neuhaus und Schwarzensee zu einer Großgemeinde vereinigt. Im Ortsteil Schwarzensee mit seinem ländlichen Gepräge wird alljährlich am 1. September das Ägydifest abgehalten, ein Andenken an einen alten lokalen Brauch.

In einem blauen Schild befinden sich im unteren Teil drei silberne Wellenbalken, über denen drei zueinander gekehrte, zwei zu eins gestellte, sechseckige, goldene Sterne schweben. Die drei goldenen Sterne sollen die drei Gemeinden Weissenbach, Neuhaus und Schwarzensee symbolisieren. Die drei Wellenbalken sind Hinweise auf die Triesting. Das Wappen wurde am 18. Juni 1981 im Niederösterreichischen Landhaus verliehen und gesiegelt.

Verkleidungen und liebevoll gestaltete Schaubuden gehörten zum erfolgreichen Gartenfest des Jahres 1902, das vom Verschönerungsverein Weissenbach organisiert wurde.

Im Juli 1931 veranstaltete der Verein Urania Weissenbach a.d. Triesting, ein Nachfolgeverein des ehemaligen Volksbildungsvereins, ein Kinderfest.

Eine weitere Aufnahme vom Kinderfest der Urania Weissenbach im Jahre 1931 zeigt die Kinder, die als Märchengestalten verkleidet auftraten.

Unter großer Teilnahme der Bevölkerung fand alljährlich das weihnachtliche Krippenspiel in Weissenbach statt. Das Foto wurde im Jahre 1908 aufgenommen.

Wenn die Kirchenglocken in Rom sind, wurde und wird heute noch das Geläute traditionell durch das Ratschen ersetzt. Die Ansicht zeigt die Weissenbacher Ratschenbuben mit ihren Flügelratschen im Jahre 1952.

Gruppenbild vom Weinlesefest in Neuhaus 1928, bei dem die Dorfjugend verkleidet als Weingartenhüter, Bürgermeister, Gemeindesekretär, Winzer und Winzerinnen auftrat.

Am dritten Sonntag nach Pfingsten findet alljährlich der traditionelle Neuhauser Umgang statt. Diese Aufnahme stammt aus den frühen 1960er-Jahren.

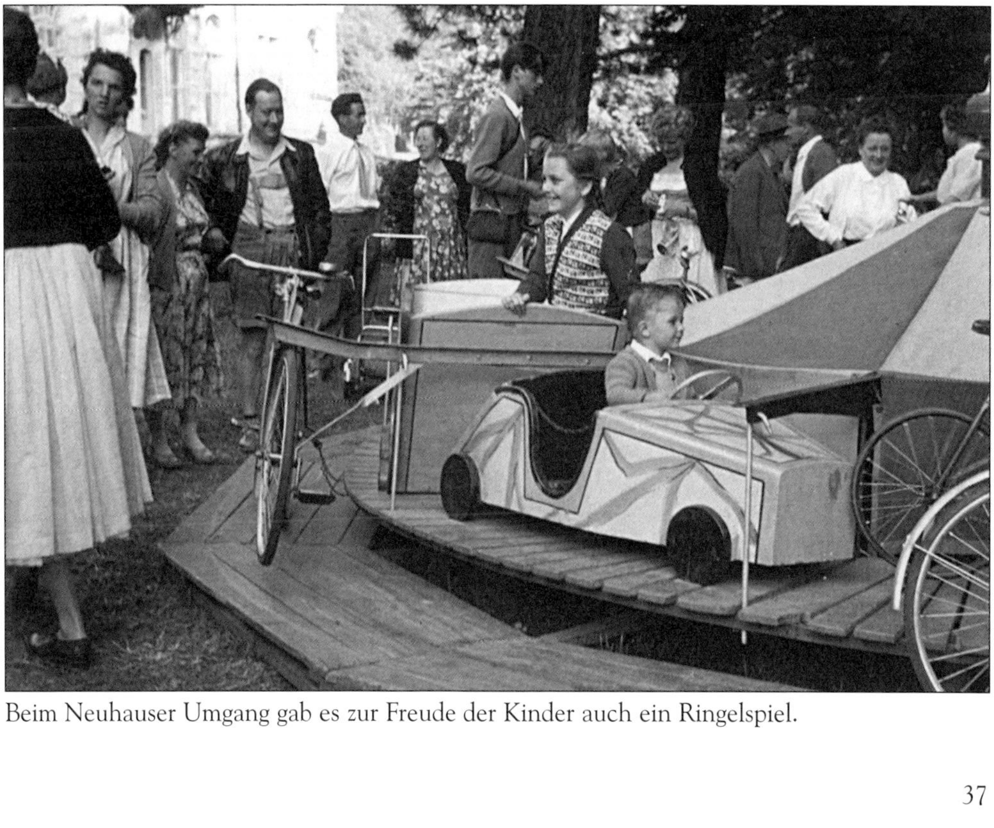

Beim Neuhauser Umgang gab es zur Freude der Kinder auch ein Ringelspiel.

Der erste Faschingsumzug nach dem Krieg wurde am 10. Februar 1960 vom Volksbildungsverein Neuhaus veranstaltet.

Chruschtschow, Kennedy und der Astronaut John Glenn beim Neuhauser Faschingsumzug des Jahres 1963 ...

... und der dreifache Olympiasieger Toni Sailer mit dem Astronauten John Glenn.

Als Faschingsnarren verkleidete Kinder ziehen in Schwarzensee durch das Dorf.

Kinder mit selbst gemachten Masken gehen in Neuwerk bei Weissenbach von Haus zu Haus, hier im Jahre 1958.

Beim Fest „10 Jahre Freiwillige Feuerwehr in Neuhaus“ 1937 war auch die Kinderfeuerwehr Weissenbach auf der Burg „im Einsatz“.

Zu Ostern 1946 konnten die Naturfreunde Weissenbach den ersten Ausflug nach dem Zweiten Weltkrieg veranstalten. Hier sieht man die Wanderer bei einer Rast auf dem Weg zum Peilstein.

Mit diesem Fahrzeug machten die Weissenbacher Naturfreunde im Jahre 1947 eine Fahrt durchs Gesäuse.

Das Gruppenbild zeigt den Weissenbacher Radfahrclub „Enzian“ im Jahre 1903.

Für sportliche Betätigung sorgte der Turnverein Weissenbach. Bei der Julfeier am 14. Dezember 1929 zeigte die Damenriege ihr Können.

Bei den Feldbegehungen in Furth wurden früher die Grundgrenzen und die Feldfrucht besichtigt. Diese Aufnahme stammt aus dem Jahre 1930.

Der traditionelle Further Kirtag mit den Standeln am Kirchenplatz um 1900. Das ursprüngliche Kirchweihfest wurde zu Ehren der Hl. Magdalena, der Patronin der Pfarrkirche, veranstaltet.

4

Furth

Furth ist eine Streusiedlung im oberen Triestingtal. Der Ortskern bestand bis vor wenigen Jahrzehnten aus Kirche, Schule, Gemeindeamt, zwei Gasthäusern mit angeschlossener Gemischtwarenhandlung, einem Sägewerk und einem Bauernhof. Bis zur Mitte des 20. Jahrhunderts lebte man vorwiegend von Landwirtschaft, Pecherei (Harzgewinnung) und Waldbewirtschaftung. Das Brauchtum ist stark mit den kirchlichen Festen im Jahreskreis sowie mit kirchlichen Ereignissen im Menschenleben, von der Taufe bis zum Begräbnis, verbunden. Daneben hatten die Berufsgruppen wie Pecher, Holzknechte und Bauern ihre eigenen Bräuche und Feste. Feuerwehr, Musikkapelle, Landjugend, Volkstanzgruppe, Theatergruppe – diese wurde traditionell vom Pfarrer und nach dem Zweiten Weltkrieg bis ca. 1960 vom Oberlehrer geleitet – waren und sind fester Bestandteil des Zusammenlebens in der Gemeinde. Trotz vielfachen Auspendelns zum Arbeitsplatz ist gerade die Jugend aktiv in den Vereinen tätig und trägt dazu bei, dass das Brauchtum im Ort erhalten bleibt.

In einem über dem Schildesfuß durch eine goldene Ähre gespaltenen Schild rechts in Schwarz ein rotes aufgerichtetes Türkenschwert, links in Rot eine goldene Hirschstange. Im grünen Schildesfuß ist eine silberne Schneerose. Die Wappenverleihung fand am 20. Juni 1978 statt.

Das Erinnerungsfoto anlässlich eines Kirtages um 1900 wurde vor dem „Gasthaus Hofer“ aufgenommen, im Hintergrund ist der Kirtagbaum zu sehen.

Der Fotograf hielt diese fröhliche Gesellschaft um 1930 beim Kirtag für die Nachwelt fest.

Das Gartenfest der Feuerwehr, das beim Eisteich hinter dem „Gasthaus Hönigsberger“ stattfand, war einst sehr beliebt.

Nach der Musterung fuhren die „Behaltenen“ fröhlich und aufgeputzt durch den Ort. Das Bild entstand um 1925.

Die Musikkapelle des katholischen Burschenvereins trat wie auf diesem Erinnerungsfoto um 1925 bei den verschiedensten Veranstaltungen auf.

Am Rosenmontag des Jahres 1936 ging es nach dem Ball ins nächste Gasthaus. Davor wurde noch ein Foto für die Nachwelt aufgenommen.

In den Kartagen waren sie unterwegs, die Ratschenbuben. Hier sieht man sie im Jahre 1932 vor dem „Gasthaus Lechner“.

Einzug der Erstkommunionkinder in die Kirche um 1910.

Bei den Fronleichnamsprozessionen nahmen auch immer Abordnungen der Feuerwehr und der Vereine teil. Hier die Prozession beim „Großen Stein".

Ein alter Brauch, das „Viaziagn" (Vorziehen), war die erste strenge Prüfung für die Neuvermählten. Dieses Foto wurde um 1960 aufgenommen.

Nach eingebrachter Ernte galt es immer schon, das Erntedankfest zu feiern. Hier wurde der geschmückte Wagen beim Erntedankumzug des Jahres 1954 aufgenommen.

Mit der Erntekrone war der Umzug des Erntedankfestes des Jahres 1954 im Ort unterwegs.

Auch im kleinen Familienkreis – wie auf diesem Bild von 1952 – wurde Erntedank gefeiert.

Die Theatergruppe lud zu verschiedenen Stücken ein und es wurde, wie auf dieser Aufnahme von 1935, immer ein vergnüglicher Abend.

Im Jahre 1947 wurde die Volkstanzgruppe wieder neu gegründet. Ihren ersten großen Auftritt hatte sie am Hocheck.

Waidmannsheil der „Jägersfrau" zum ersten Bock – das musste doch festgehalten werden.

Dieses Erinnerungsfoto aus dem Jahre 1960 zeigt die stolze Jagdgesellschaft mit ihrer Beute.

Aus eigener Further Erzeugung stammten die Skier, die auf diesem Foto um 1939 zu sehen sind.

5

Pottenstein

Pottenstein mit dem Ortsteil Fahrafeld und der Rotte Grabenweg liegt in der Mitte des Triestigtales. Der Ort feierte 1974 sein 900. Jubiläum und ist die älteste Pfarre im Tal. Das Brauchtum ist bis heute zum Teil kirchlich geprägt. Noch immer ziehen an kirchlichen Festtagen die Palm-, Auferstehungs- und Fronleichnamsprozessionen durch den Ort. Zum Brauchtum gehören auch die Sternsinger und Ratschenbuben. Zur Wallfahrtskirche Maria Trost im Elend gibt es immer noch Wallfahrten, die Pottensteiner hingegen gehen nach Gutenstein wallfahrten. Der älteste noch aktive Verein ist der 1862 gegründete Männergesangsverein. Es folgen die Feuerwehrgründungen von Pottenstein 1868 und Fahrafeld im Jahre 1874. Zum Brauchtum geworden sind das Sauschädelessen um Neujahr, Ostermarkt und Osterbrunnen, Rochuskirtag, Volkstanz- und Liederabende, Aufführungen der Theatergruppen Pottenstein, Raimundsymposion, Veranstaltungen der Turn- und Sportvereine, das Antoniusbründlfest des FFV, Erntedankfest (Brunnen mit Erntekrone) und der Adventmarkt.

In einem zweigeteilten Schild sind in der Mitte der Doppelkarner und die ihn umgebende Mauer zu sehen. Die Schildfarben sind im oberen Teil grün und im unteren rot. Die Wappenverleihung fand am 28. Mai 1989 statt.

Die Sanitätsabteilung innerhalb der Feuerwehr wurde im Jahre 1887 gegründet. Die FF Pottenstein ist nach Leobersdorf die zweitälteste Feuerwehr des Triestingtales.

Die Fahnenenthüllung des Turnvereines Pottenstein, der 1901 gegründet wurde, im Jahre 1911. Die Jubiläumsfeier im Hof der Volksschule fand am 25. Juni 1911 statt.

Die Mitglieder des Arbeitermännergesangsvereins „Harmonie" saßen 1912 im Garten des „Gasthaus Gerschlager" in Pottenstein.

Der Männergesangsverein Pottenstein, dessen Gründung auf das Jahr 1862 zurückgeht, auf einer Aufnahme aus dem Jahre 1936. Er ist – nach kurzzeitiger Auflösung im Zweiten Weltkrieg – der älteste Verein Pottensteins.

Die Schützengesellschaft Pottenstein wurde 1840 gegründet. Das Foto, vermutlich aus dem Jahre 1913, zeigt die damalige Schießstätte, heute Kantine des Fußballclubs SCP. Dieser Verein existiert seit vielen Jahren nicht mehr.

Schützen-Gesellschaft Pottenstein, Nied.-Öst.

Mitglied-Karte

für

Jahresbeitrag pro 18 93 fl. 3 —

Schützenmeister. Cassier. Oberschützenmeister.

rzeichniss

e. Saison 1893.

tag den 28.

„ 11., Sonntag den 25.

„ 9., „ „ 23.

August: „ „ 6., „ „ 20.

September: „ „ 3., „ „ 17.

October: „ „ 1., Schlussschiessen.

An obgenannten Sonntagen wird von 2 Uhr Nachmittags bis zur Dämmerung geschossen.

Die Vereinsleitung.

Die Mitgliedskarte der Schützengesellschaft.

Der Militärveteranenverein Pottenstein wurde im Jahre 1907 gegründet, die Fahnenweihe fand am 22. Juni 1913 statt. Nach dem Zweiten Weltkrieg ging daraus der Kameradschaftsbund hervor.

Diese Werbepostkarte erschien anlässlich der Raimundspiele 1936 zum 100. Todestag des Dichters.

Ebenfalls 1936 wurde die Kühbergsiedlung in Fahrafeld aufgeschlossen. Das Bild zeigt den ersten Obmann Hans Hauer (1904-1980) mit seinen Söhnen Franz und Hans um 1941.

Diese Aufnahme entstand bei einer Wallfahrerprozession zu „Maria Trost im Elend“ um 1900 und zeigt den Einzug vermutlich Simmeringer Wallfahrer in die Marienwallfahrtskirche Pottenstein.

Die Fronleichnamsprozession in Pottenstein 1953 führte von der Feldgasse, vom „Gasthaus Riegler“ kommend, in der Weissgärbergasse in Richtung Wassergasse, der heutigen Bundesstraße 18.

Eisstockschützen in Pottenstein um 1912. Der Hauptweg des sogenannten „Unteren Parks" wurde als Eisbahn verwendet. Im Hintergrund ist das alte Feuerwehr-Requisitenhaus zu sehen.

Der Jahrmarkt in Pottenstein, der Rochuskirtag, wurde ca.1958/1960 am Hauptplatz, später in der Bahnstraße abgehalten. Heute findet er in der Hainfelder Straße statt.

Auf der Turnerwiese in Pottenstein, hier auf einer Aufnahme zwischen 1955 und 1957, gastierte einmal im Jahr ein Vergnügungspark, der äußerst beliebt war. Heute befinden sich hier das ASKÖ-Heim und Tennisplätze.

Der Triestingfluss war ein Badeparadies. Das sogenannte Fabrikswehr der Pottensteiner Tuchfabrik war Treffpunkt der Jugend des Oberen Triestingtales.

Das Schutzhaus am Waxeneck liegt auf einer Seehöhe von 785 Metern. Die Aufnahme, die zwischen 1925 und 1930 entstand, zeigt die Berghütte der Naturfreunde Pottenstein/Berndorf, die stets ein beliebtes Wanderziel war und ganzjährig bewirtschaftet ist.

Die Freiwillige Feuerwehr Fahrafeld wurde im Jahre 1874 gegründet. Die Fotografie zeigt die Feierlichkeiten anlässlich des 60-jährigen Bestehens auf dem Areal des Schlosses Wimpffen.

Über 70 Skiläufer wanderten im Jahre 1936 zum ÖTK-Skirennen auf den Almesbrunnberg in ca. 1.000 Meter Höhe. Die Ausrüstung bestand meist aus Eschenski mit Lederriemenbindung, Haselnussstöcken und Kniebundhosen.

Die Skispringergruppe in Fahrafeld am Kühberg im Jahre 1951/52. Von links sind Josef Hauer, Ferdinand Hauer und Adi Schießl zu sehen.

Das Foto zeigt die Erstkommunion vor der Kirche in Fahrafeld im Jahre 1958.

Ein Pärchen machte am 21. Juli 1935 an der Bundesstraße 18 vor dem Haus der Familie Schütz mit seinem Motorrad mit Beiwagen der Marke Ariel eine Rast.

Ausflug in einer „Wimpffenkutsche“ in Fahrafeld 1941/1942. In der Mitte ist Karin Herrwerth und rechts Adi Schießl zu sehen.

6

Berndorf

Die Stadt Berndorf wurde im Jahre 1923 mit St. Veit, Veitsau und Ödlitz zusammengelegt. Die 1843 von Arthur Krupp gegründete Berndorfer Metallwarenfabrik entwickelte sich rasch zu einem der führenden Betriebe der österreichisch-ungarischen Monarchie. Mit dem wirtschaftlichen Aufschwung wuchs auch die Stadt und es entstanden viele Vereine, die von der Arbeiter- und Beamtenschaft der Metallwarenfabrik getragen wurden. Diese prägten die kirchlichen und öffentlichen Veranstaltungen der Stadt Berndorf. Der Musikverein wurde 1924 gegründet und nach dem Zweiten Weltkrieg 1947 wieder aktiviert, die Stadtkapelle wurde im Jahre 1984 gegründet und mit zahlreichen Auszeichnungen bei diversen Musikwertungen geehrt. Daneben bestehen der Fremdenverkehrsverein sowie etliche Sport- und Freizeitvereine. Höhepunkte sind alljährlich der Perchtenlauf mit rund 120 aktiven Personen, davon 65 Perchten, und die Veranstaltungen der 1973 gegründeten Faschingsgilde mit ihren Sitzungen und Umzügen.

Ein blauer Schild mit goldener, nach unten zeigender Spitze, in der ein schwarzer Bär mit silbernem Löffel und aufgerichteter Vordertatze dargestellt ist. Im Schilde rechts ein entwurzelter Föhrenbaum und links eine aufgerichtete Korngarbe mit Sichel. Den Schild umgibt eine goldene Arabeskeneinfassung, auf der eine dreizinnige Mauerkrone ruht. Mit kaiserlicher Entschließung wurde der Stadt am 2. August 1900 das Wappen verliehen.

Die Ansichtskarte zeigt das Waldfest des Berndorfer Männergesangsvereins und des Berndorfer Radfahrerclubs am 5. September 1899 in Kleinfeld.

Die Hochzeit der Familie Vnuk aus St. Veit fand im Jahre 1900 statt.

Der Männergesangsverein St. Veit a.d. Triesting wurde im Jahre 1889 gegründet und 1906 fotografisch festgehalten.

Eine der wenigen Ansichtskarten des Männergesangsvereins vor dem Stadttheater.

Die 1.-Mai-Feier in der Berndorfer Metallwarenfabrik im Jahre 1938.

Das alte städtische Bad in der Hernsteinerstraße wurde um 1886 erbaut.

Die Riege des Berndorfer Turnvereins Jahn beim Zweiten Gauturnfest im Jahre 1929 auf der Turnerwiese in Berndorf.

Grußkarte von der Waldhütte „am Guglzipf", dem Hausberg der Berndorfer.

Die Mitglieder des Pfeifenclubs „Einigkeit", der 1904 in St. Veit a.d. Triesting gegründet wurde.

„Frischauf" war der Name des ersten St. Veiter Radfahrvereins, der 1904 gegründet wurde.

Die Grußkarte des Militärveteranenvereins St. Veit a.d. Triesting zeigt die Fahnenweihe am 29. Juni 1907.

Stolz präsentieren sich die Mitglieder des Arbeiterradfahrervereins „Edelweiß" der Ortsgruppe St. Veit.

Der Männergesangsverein Triestinghof St. Veit a.d. Triesting posierte im Jahre 1911 für den Faschingsumzug.

Ein Erinnerungsfoto des Männergesangsvereins St. Veit a.d. Triesting.

Der Erste Triestingtaler Schuhplattlerverein, Sektion der Naturfreunde St. Veit a.d. Triesting, stellte sich nach einer Aufführung dem Fotografen.

Das Privatfoto zeigt den Kirtag des Jahres 1914 in St. Veit a.d. Triesting, der ursprünglich als Kirchweihfest des Hl. Vitus immer um den 12. Juni gefeiert wurde.

Der Arbeitergesangsverein St. Veit a.d. Triesting wurde im Jahre 1919 gegründet.

Traditionell wurde zur Weinlese ein großes Fest in St. Veit a.d. Triesting gefeiert.

Das ehemalige Postl-Bad in St. Veit a.d. Triesting. Es wurde bereits im Jahre 1876 errichtet und war zur damaligen Zeit eine große Sensation.

Auch in Veitsau wurde 1911 ein Arbeiter-Radfahrerverein mit dem Namen „Edelweiß" gegründet.

Am 27. Juli 1924 fand die Einweihung der „Berndorfer Hütte“ auf der Hohen Mandling statt. Jung und Alt war gekommen, um dieses Fest zu feiern.

Am Arthur-Krupp-Platz fand 1924 die Fahnenweihe des Volksbundes statt. Im Hintergrund ist die von Arthur Krupp erbaute Margaretenkirche zu sehen.

7

Hernstein

Die Gemeinde Hernstein war in früherer Zeit landwirtschaftlich ausgerichtet. Der Wald mit seinen Produkten Pech und Holz sowie die Landwirtschaft waren die Haupteinnahmequellen. Aus dieser Verbundenheit mit Natur und Heimat entstand ein reiches Brauchtum in den sieben Orten der Gemeinde. Im Laufe eines Jahres werden viele Bräuche ausgeübt. Es gab Neujahrs- und Faschingsfeiern; Pecher und Forstleute feierten ihren Patron am Vinzenztag. Einen Kirtag mit Baumumschnitt und Nachkirtag gibt es heutzutage nur noch in Kleinfeld. Musikvereine und Musikkapellen traten zu verschiedenen Veranstaltungen auf. Leider gibt es keine Kapellen mehr und die Sänger werden auch immer weniger. Mit dem traditionellen Lichterzug zum Fest des Hl. Martin und dem Nikolausfest sowie der Theateraufführung zum Stephanitag in Alkersdorf schließt sich der Jahreskreis des Hernsteiner Brauchtums.

In einem durch Deichselschnitt geteilten Wappen ist im oberen blauen Feld ein goldener Schlüssel, im grünen Feld ein silberner zinnengekrönter Wehrturm und im silbernen Teil eine grüne Föhre mit Harztopf zu sehen. Die Wappenverleihung fand am 19. Mai 1984 statt.

Die Sternsingergruppe aus Grillenberg im Jahre 1970. Sternsingen wird heute noch in allen Ortsteilen der Gemeinde durchgeführt.

Faschingstreiben gab es früher in allen Ortsteilen. Heute gehen nur noch im Ortsteil Grillenberg die Faschingsnarren am Faschingsdienstag von Haus zu Haus.

Die „Grüabler" waren meist Mädchen und Frauen, die nach der Schneeschmelze die Aufforstung durchführten, indem sie Baumpflanzen in kleine Gruben – „Grüabl" – setzten.

Ratschenbuben ziehen noch heute an den Kartagen durch alle Straßen und ersetzen durch das Ratschen das Glockengeläute. Die dazu gesungenen oder gesprochenen Texte fordern zum Gebet auf.

Auf diesem Foto der Erstkommunion des Jahres 1936 in Hernstein sind Pfarrer Otto Tomanetz, Oberlehrer Rudolf Parsch und Lehrerin Juliane Hofer zu sehen.

Die Fronleichnamsprozession in Hernstein um 1920 auf dem Weg zum zweiten Altar beim Schloss Hernstein.

Bei der Firmung in Hernstein im April 1958 wurde Franz Jachym, Erzbischof-Koadjutor von Wien, vor dem Pfarrhof empfangen. Elisabeth Rupsch trug ein Gedicht vor.

Muttertagsberatung im Freien vor der Volksschule, dem heutigen Kindergarten, im Jahre 1926.

Außer dem großdeutschen Gesangsverein „Waldklang" – hier auf einem Foto aus dem Jahre 1927 – gab es, den politischen Verhältnissen entsprechend, noch einen roten und einen schwarzen Gesangsverein in Hernstein.

Der Gesangsverein Almbleamerl wurde 1926 gegründet und ist heute noch aktiv. Die Aufnahme stammt aus dem Jahre 1960.

Die Musikkapelle Hernstein wurde um 1936 von Kapellmeister Mathias Steiner geleitet. Heute gibt es in Hernstein viele Musiker und auch Kapellmeister, aber keine Musikkapelle mehr.

Der Kirtag, die Feier des Kirchenpatrons, wird in Hernstein zu Laurentius am 10. August, in Grillenberg zu Margareta am 13. Juli und in Kleinfeld am Dreifaltigkeitssonntag gefeiert. Heute wird nur noch in Kleinfeld der Kirtag mit Baumumschnitt gefeiert. Die Aufnahme stammt aus Alkersdorf.

Obwohl Krieg war, feierten die Kinder im Jahre 1941 das Sommerfest mit Erntekranz und Musik.

Die Aufnahme von 1956 zeigt die Segnung eines Feuerwehrautos. Nach dem Krieg wurden die Feuerwehren in den Gemeinden wieder aufgerüstet. In Hernstein wurde für diesen Zwecke ein altes Auto angekauft.

Nach Einbringung der Ernte gab es eine Wallfahrt, die manchmal mit einem Ausflug verbunden wurde. Hier wird vor dem Schneebergkircherl auf dem Schneeberg am 30. August 1922 gerastet.

Josef und Maria Wöhrer feierten im Jahre 1938 in Hernstein Goldene Hochzeit. Es war – wie damals üblich – eine „Zahlhochzeit". Jeder Gast musste einen bestimmten Beitrag zahlen, um die Unkosten zu decken.

Musterungen waren immer mit einem kleinen Fest verbunden. Wer tauglich war, trug einen Buschen auf dem Hut – und auch die Zigarette war unvermeidlich. Dieses Bild stammt von der Musterung 1915.

Theaterspielen hat in Hernstein eine lange Tradition. Heute noch wird wie auf dieser Aufnahme aus dem Jahre 1950 jedes Jahr zu Weihnachten gespielt.

Burschen des Jahrgangs 1913 posieren stolz mit ihren Maschinen und Freunden. Ein Motorrad war in der Zwischenkriegszeit etwas Besonderes.

Die Straße nach Alkersdorf wurde wie auf dieser Aufnahme vom März 1957 häufig so hoch verweht, dass der Pferdepflug nicht mehr durchkam. So mussten Männer die Straße frei schaufeln. Der Vierjährige im Vordergrund ist der heutige Blutalmwirt.

Die Eröffnung des ersten Kindergartens in Hirtenberg im heutigen Hause Leobersdorfer Straße 39 fand am 18. August 1905, dem Geburtstag des Kaisers, statt. Das Haus wurde von der Hirtenberger Patronenfabrik eingerichtet. In der Mitte ist Bürgermeister Clemens Protiwensky (mit Zylinder) zu sehen.

8

Hirtenberg

Die Markt- und Fremdenverkehrsgemeinde Hirtenberg liegt am Ausgang des Triestingtales in der Ebene des Wiener Beckens. Die Marktgemeinde ist ein altes Siedlungsgebiet mit Fundgegenständen aus der Jungsteinzeit, der Bronze-, Kelten- und Römerzeit. In der zweiten Hälfte des 19. Jahrhunderts erfolgte die Entwicklung zum Fabriksort. Es entstanden die Patronenfabrik, Kromag und die Keimfabrik. 1870 wurde Hirtenberg mit kaiserlicher Entscheidung von Leobersdorf ausgemeindet und zur selbstständigen Ortsgemeinde erhoben. Ein reichhaltiges Brauchtum mit kirchlichen und weltlichen Festen durchzieht das ganze Jahr. Am Dreikönigstag findet das „Rauchergehen" statt, bei dem Gottes Segen auf Mensch, Tier, Haus und Flur herabgerufen wird. Faschingsveranstaltungen und Bälle, „Pfingstschnalzen", Sonnwendfeier und Weinlesefeste gehörten und gehören nebst vielen anderen Veranstaltungen zum Hirtenberger Kulturleben.

Im blauen Schild erhebt sich auf grünem Rasen ein silberfarbenes, vierschiffiges Fabriksgebäude, überragt von einem Wasserturm und drei rauchenden Schloten. Roter Feuersschein leuchtet aus der Tür- sowie den Fensteröffnungen. Markterhebung und Wappenverleihung erfolgten im Jahre 1929.

Der Männergesangsverein Hirtenberg, gegründet 1896, nahm anlässlich der Fahnenweihe im Jahre 1905 für den Fotografen Aufstellung. Die Fahne wurde von Frau Seraphine Keller-Fischer gestiftet.

Der jüdische Betraum der Gemeinde Hirtenberg auf einer Aufnahme aus der Zeit um 1890.

Rekruten aus Hirtenberg, Jahrgang 1886, nach der Musterung im Jahre 1904. Stehend rechts ist Bäckermeister Josef Völkl zu sehen.

Das Erinnerungsfoto aus dem Jahre 1920 zeigt das traditionelle Weinlesefest in Hirtenberg, das bis heute abgehalten wird.

Auf dieser Aufnahme um 1920 steht Josef Völkl (rechts) vor dem Haus Völkl in der Alten Gasse 37.

Erinnerung an den Staffellauf am 1. Mai 1920 des ATUS „Vorwärts" Hirtenberg.

Das Siegerfoto nach der Meisterschaft des Hirtenberger Radfahrvereins „All frei“ im Jahre 1925.

Der Fußballclub SC Kromag Hirtenberg wurde 1936/37 Meister der Ersten Klasse Süd. In der ersten Reihe sind Franz Hellmann, Hr. Kary, Fritz Windisch, Rudolf Rudolf und Leopold Zimeler zu sehen. In der zweiten Reihe R. Koch, ein unbekannter Mann, Franz Prechtl, Hr. Fleischmann, Hr. Hamberger, Anton Fritz, Josef Novy, Hans Kopp, Josef Huber, Karl Lachinger, Ernst Faber, Leopold Fadenberger und Karl Rischka.

Die Rekruten Naller, Wiederlechner, Bauer, Steinacher und Malina ließen sich nach der Musterung im Jahre 1938 in Pottenstein fotografieren.

Auf dem Foto des Weinlesefestes des Hirtenberger Weinbauvereines um 1920 ist links mit Pfeife Franz Holzer sen. zu sehen.

Der Hirtenberger Weinbauverein veranstaltete wie auf dieser Aufnahme vom September 1918 alljährlich sein Weinlesefest.

Geselliges Beisammensein des Weinbauvereins Hirtenberg um 1900.

Im Saal mit einer Holzveranda des „Gasthaus Stubner“ in Hirtenberg fand früher der Maskenball statt. Dieses Foto erinnert an den 20. Februar 1932.

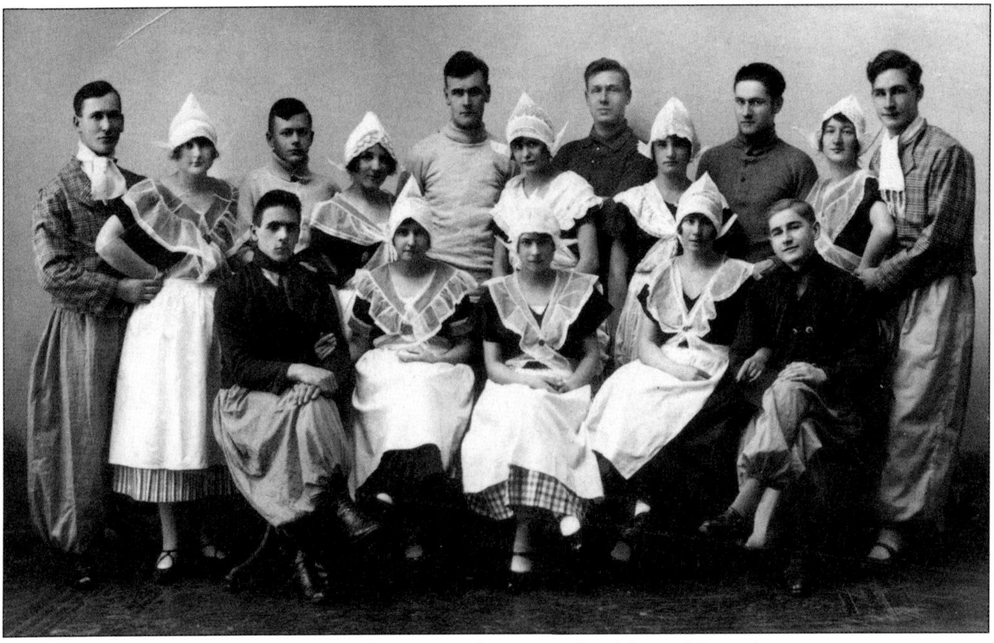

Die Hirtenberger Theatergruppe gab Veranstaltungen, die Alt und Jung begeisterten.

Um 1920 gründete sich in Hirtenberg die Studentenverbindung „Treudeutsch bis in den Tod".

Das österreichische Thronfolger-Ehepaar Franz Ferdinand und Herzogin Sophie von Hohenberg war um 1911 auf der Jagd in Hirtenberg.

Der Jäger Hubert Böck 1932 am Hirtenberger Lindenberg.

Die Turnerriege des Arbeiterturnvereines „Frisch auf“ Enzesfeld beim Sportfest 1920.

9

Enzesfeld-Lindabrunn

Die Marktgemeinde Enzesfeld liegt im waldreichen Triestingtal, das mit seinen zahlreichen Wiesen und Wäldern hervorragende Erholungsmöglichkeiten bietet. Handel und Gewerbe haben sich hauptsächlich in Enzesfeld niedergelassen, während Lindabrunn vor allem landwirtschaftlich geprägt ist. Nach 1900 begannen sich einige Vereine zu gründen, so der Arbeitergesangsverein im Jahre 1910, der Arbeiterturn- und Sportverein „Frisch auf" 1912, der Sport- und Geselligkeitsverein 1911, der Kameradschaftsverein ebenfalls 1911 und einige Musikkapellen. Seit langem ist es Brauch und Tradition, alljährlich eine Fußwallfahrt nach St. Leonhard in Piesting durchzuführen. Besonders erwähnenswert ist das in Lindabrunn seit langem bestehende Skulpturen-Symposium, das heute in Form von Vernissagen und Kulturveranstaltungen weitergeführt wird. Die ehemalige Spitalskirche wird von der Gemeinde für kulturelle Zwecke, wie Vorträge, Ausstellungen und Vernissagen, zur Verfügung gestellt.

Im blauen Schild ist ein schräger silberner Balken mit drei goldenen Lilien belegt. Beiderseits des Balkens befindet sich je eine gegen den Rand gerichtete goldene Lilie. Die Wappenverleihung fand am 19. Mai 1953 statt.

Turnerfest und Fahnenweihe des Arbeiterturnvereines „Frisch auf" Enzesfeld, um 1922.

Ein Erinnerungsfoto vom Muttertag 1935 des Mutterschutzwerkes der Vaterländischen Front Hirtenberg-Enzesfeld.

Am 21. Oktober 1922 fand die Glockenweihe in Enzesfeld statt.

Der Mandolinenclub der Kinderfreunde Enzesfeld wurde um 1927/28 gegründet. Die Kinderfreunde kauften die Instrumente an, der Unterricht wurde in der Volksschule von Gustav Anton aus Pottenstein gehalten.

Ein Sport für starke Männer: ein Gewichtheber des Arbeiterturnvereines „Frisch auf" Enzesfeld um 1913.

Vor dem „Gasthaus Andreas Mayer“ wurde das Erntedankfest in Lindabrunn gefeiert; die Aufnahme stammt aus dem Jahre 1930.

Der singende Wirt Andreas Mayer war nicht nur bei den Bewohnern von Lindabrunn beliebt. Das Bild wurde 1958 aufgenommen.

Der Feuerlöschbehälter wurde im Jahre 1928 das erste Mal gefüllt. 1930 wurde die Anlage mit Kabinen und Liegen ausgestattet und als Freibad eingerichtet.

Ein festlicher Umzug der Volkstanzgruppe Leobersdorf führte im Jahre 1947 durch die Südbahnstraße.

10

Leobersdorf

Die Geschichte Leobersdorfs reicht bis in die Steinzeit zurück, wie Fundstücke im Ortsgebiet beweisen. Kelten und Römer besiedelten seinerzeit das Land. Im 19. Jahrhundert wurden viele kommunale Einrichtungen geschaffen. Der Ort war auch für Unternehmer interessant und so entstanden bereits 1711 ein Bauunternehmen und im Jahre 1897 ein Ziegelwerk, das bis heute besteht. 1850 wurde eine Maschinenfabrik gegründet, ebenso eine Gießerei. Dies alles hatte zur Folge, dass sich Vereine für Bildung und Freizeit, vor allem aber Sportvereine bildeten. Unter anderen gab es den Triestingtaler Sängerbund, gegründet 1862, der 1870 in „Männergesangsverein Leobersdorf" umbenannt wurde. 1895 entstand aus dem Arbeiterbildungsverein der Arbeitergesangsverein, der mehrmals umbenannt wurde und später als gemischter Chor auftrat. Weiters gab es Turn- und Sportvereine, den Touristen- und Radfahrverein sowie einen Trachten- und Schuhplattlerverein.

Das Wappenschild zeigt auf blauem Hintergrund eine silberne Kirche auf grünem Grund stehend. Kirche und Turm haben ein rotes Dach, wobei der Turm zwei übereinander gestellte Zinnenreihen zeigt. Am Kirchendach befindet sich ein nach links gewendeter Hahn, während über die Kirche vier silberne Lerchen fliegen. Das Ortswappen bekam Leobersdorf im Zuge der Verleihung des Marktrechtes 1313 durch Friedrich den Schönen.

Das Foto der Volkstanzgruppe im Jahre 1947 in der Südbahnstraße zeigt Leopold Baumgartner beim Peitschenknallen.

Die Volkstanzgruppe Leobersdorf bei einem der vielen Feste.

Einweihung des Kirtagbuschens der Volkstanzgruppe im Jahre 1953.

Die Volkstanzgruppe beim Kirtagbaumschneiden und -einholen in den 1960er-Jahren.

Der Kirtag mit Bandltanz und Schuhplattler war fixer Bestandteil des beliebten Volksfestes.

Das Fest endete mit dem traditionellen Baumumschnitt, für den sich der junge Mann rechts stärkt.

Der Chor Leobersdorf, ehemals Männergesangsverein, der 1862 gegründet wurde.

Anlässlich des 40-jährigen Bestandes des Chors Leobersdorf wurde die Operette „Aline“ aufgeführt.

Sänger-Gauverband Wiener-Neustadt und Umgebung.

Gegründet 1880.

Sonntag den 6. Juli 1902

in

Drehers Restaurations-Garten (Hôtel Fuchs)

in

Leobersdorf

40jähr. Gründungsfest

des Leobersdorfer Männergesangvereines

unter

Leitung der Herren Gau-Chormeister Karl Pehm und Ant. Tranker

und unter gefälliger

Mitwirkung des Landstraßer Männergesangvereines aus Wien

und der dem

Gauverbande angehörigen Männergesangvereine: Aspang, Ebreichsdorf, Ebreichsdorf „Sängerlust", Eggendorf, Felixdorf „Haideröslein", Fischau-Brunn, Hirtenberg, Laxenburg, Leobersdorf, Lichtenwörth „Einigkeit", Mariental „Geselligkeit", Möllersdorf „Liedertafel", Neuhaus a. d. Tr., Ober-Waltersdorf, Pitten, Pottenstein, Sollenau „Liedesfreiheit", Schönau „Gemüthlichkeit", Steinabrückl „Liederhort", Tattendorf-Teesdorf „Sängerverbindung", Teesdorf „Einigkeit", Vöslau „Sängerbund", Wöllersdorf „Standigl", Wr.-Neustadt, Wr.-Neustadt „Frohsinn", Wr.-Neustadt „Liederkranz", Zillingdorf „Eintracht".

Wahlspruch: Im deutschen Gau für deutsches Lied Des deutschen Mannes Herz erglüh!

Musik: Wiener-Neustädter unif. Bürgerkapelle.

(Kapellmeister: Herr FRANZ KRAUS.)

Vortragsordnung: I. Abtheilung:

*1. „Kaiser Franz Josef-Jubiläums-Marsch" von Karl von Holynski.
*2. Ouverture „Die Hexe von Boisdi" von Zayta.
*3. „Die Eine, die ich meine", Polka mazur von Karl Komzák.
4. „Liedesweihe" von Max von Weinzierl. (Gesammtchor mit Orchesterbegleitung.)
5. „Zieh' blaues", Männerchor von Alfred Dregert. (Landstraßer Männergesangverein.)
6. „Herbstnacht", Männerchor von Max von Weinzierl. (Männergesangverein Leobersdorf.)
7. „Nachtzauber", Männerchor von A. M. Storch. („Sängerbund" Vöslau.)
8. „Hymne an den Wald", Männerchor mit Hornbegleitung von H. Jüngst. (Wr.-Neustädter Männergesangverein.)
9. „Mahnruf" von Reinhold Becker. (Gesammtchor. — Dirigent: Chormeister Herr K. Spanner.)
*10. „Großstadtkinder", Walzer von Dominik Ertl.

II. Abtheilung:

*11. „Nachruf an C. M. v. Weber", Phantasie von E. Bach.
12. „Ein Sang für Oesterreichs Deutsche" von Franz Blümel. (Gesammtchor.)
13. „St. Michel", Männerchor von Karl Latta. (Landstraßer Männergesangverein.)
14. „Hymne", Männerchor von Abbé Vogler. (Männergesangverein Ober-Waltersdorf.)
15. „Die Heimat", Volkslied von A. Reiser. („Liederfreiheit" Sollenau.)
16. „Volkslied aus Ober-Oesterreich" von Ed. Kremser. (Gesammtchor.)
*17. „Des deutschen Sängers Traum", Potpourri von Jos. Gleisner.
*18. „Schneewittchen", Polka française von C. Wetschek.
*19. „Das Lied vom süßen Mädel" aus der Operette „Das süße Mädel" von Heinrich Reinhardt.
*20. „Hoch Tirol!", Marsch von Gustav Mahr.

* Vorträge der uniform. Bürgerkapelle.

Preis 20 Heller.

Die Einladung zum 40-jährigen Gründungsfest des „Männergesangsvereins Leobersdorf".

Im Jahre 1960 fand das Sängertreffen des Männergesangsvereins in Langenlois statt.

Das Gruppenfoto der Freiwilligen Turnerfeuerwehr Leobersdorf entstand um 1870.

Die Feier zum 60-jährigen Bestehen der Feuerwehr Leobersdorf fand im Jahre 1922 statt.

Im Jahre 1922 fand anlässlich „60 Jahre Feuerwehr Leobersdorf“ eine gut besuchte Schauübung statt.

Die alte Kastenspritze der Feuerwehr Leobersdorf aus dem Jahr 1870 ist heute noch im Feuerwehrmuseum zu besichtigen.

Die Jugendriege mit Turnwart Ing. Panz des Turnvereins Friesen im Jahre 1923.

Anlässlich des Gründungsfestes des Turnvereins Friesen fand im Jahre 1928 ein Festzug statt.

Das Erinnerungsfoto zeigt die Turnerriege der Freiwilligen Feuerwehr Leobersdorf mit einem Feuerwehrauto.

Die traditionelle Julfeier des Turnvereins Friesen (ÖTB) um 1960.

Auf dieser Aufnahme aus den 1960er-Jahren ist die Faschingsfeier des Turnvereins Friesen zu sehen.

Die Aufnahme von 1909 zeigt die Burschenschaft, eine Vereinigung, die sich nach der Jahrhundertwende gegründet hatte.

Die Mitglieder des Arbeitergesangsvereins ließen sich im Jahre 1937 fotografieren.

11

Schönau a.d. Triesting

In Schönau existieren seit über 100 Jahren verschiedene Vereine und kulturelle Einrichtungen. Als ältester und wichtigster Verein gilt unumstritten die Freiwillige Feuerwehr, die 1871 gegründet wurde. Ein Jahr später, 1872, bildete sich der sogenannte Arbeiterausschuss in der Baumwollmanufaktur als Interessenvertretung. Es folgte 1879 die Schulbibliothek, die 1890 zur allgemeinen Leihbibliothek ausgebaut wurde. Im Jahre 1883 bestand bereits ein Spar- und Losverein und 1885 wirkte in Schönau a.d. Triesting die Sängergemeinschaft „Gemütlichkeit". Der Vorgänger dieses Vereins war der 1862 gegründete Triestingtaler Sängerbund. Im Zuge der Arbeiterbewegung entstand der Arbeitergesangsverein, der als Arbeitergesangsverein „Liederfreunde" 1961 wieder ins Leben gerufen wurde. Daneben gab es noch weitere Vereine, wie den Radfahrverein, die Musikkapelle Fessl, die Turn- und Sportsektion der Gewerkschaft, die Pfadfinder sowie den Reit- und Country-Club. Die Gemeinde Schönau a.d. Triesting pflegt noch in einigen Bräuchen und Vereinen die alte Tradition und hat ein reges Vereinsleben.

In einem blauen, im unteren Teil durch drei silberne Wellenbalken nach oben hin geteilten Wappenschild befindet sich rechts ein silbern bekrönter Adler, der eine Spindel hält, und links eine naturfarbene Mauer, über die drei goldene Ähren ragen. Die Wappenverleihung erfolgte am 11. Oktober 1972.

Der Burschenschaftsverein „D'Lustigen Buam" war ein geselliger Verein, der 1919 fotografisch festgehalten wurde.

Eine der Aufnahmen der Faschingsgesellschaft im Jahre 1905.

Für manch gesellige Veranstaltung sorgte die Fessl-Kapelle.

Mitglieder der Gaudebrüada stellten sich 1928 dem Fotografen.

Die Ankunft der neuen Kirchenglocken wurde für die Nachkommen festgehalten.

Ein Schnappschuss vom Kindermaskenball des Jahres 1962.

Kommunionbilder und Andenken sind bis heute beliebt. Hier eine Erinnerung an die Kommunion aus dem Jahre 1891.

Ein Erinnerungsfoto zum 50-jährigen Bestehen des Männergesangsvereins „Gemütlichkeit". Der Verein wurde 1885 gegründet.

Die Musikkapelle der Freiwilligen Feuerwehr Schönau sorgte bei vielen Veranstaltungen für die richtige Stimmung.

Ein Gruppenbild des Radfahrvereins Schönau aus dem Jahre 1924.

Die Schönauer Ratschenbuben vertraten die Kirchenglocken in den Kartagen vor Ostern. Dieses Bild stammt aus dem Jahre 1935.

Das traditionelle Winzerfest wird nach wie vor alljährlich abgehalten. Diese Ansicht wurde 1932 aufgenommen ...

… und diese beim Winzerfest des Jahres 1953.

Auch Winzer müssen zurück auf die Schulbank. Hier die Teilnehmer des Winzerkurses von 1903 in der Niederösterreichischen Landes-Rebschule in Dornau.

Beim Faschingsumzug war ganz Schönau auf den Beinen.

Auch „Fliegende Untertassen“ wurden beim Faschingsumzug mitgeführt.